Ecosistemas

Bosques

por Nadia Higgins

Bullfrog Books

Ideas para padres y maestros

Bullfrog Books permite a los niños practicar la lectura de texto informacional desde el nivel principiante. Repeticiones, palabras conocidas y descripciones en las imágenes ayudan a los lectores principiantes.

Antes de leer

- Hablen acerca de las fotografías. ¿Qué representan para ellos?
- Consulten juntos el glosario de fotografías. Lean las palabras y hablen de ellas.

Durante la lectura

- Hojeen el libro y observen las fotografías. Deje que el niño haga preguntas. Muestre las descripciones en las imágenes.
- Lea el libro al niño, o deje que él o ella lo lea independientemente.

Después de leer

- Anime a que el niño piense más. Pregúntele: ¿Alguna vez has visitado un bosque? ¿Has visto videos o fotografías? ¿Cómo lo describirías?

Bullfrog Books are published by Jump!
5357 Penn Avenue South
Minneapolis, MN 55419
www.jumplibrary.com

Library of Congress Cataloging-in-Publication Data

Names: Higgins, Nadia, author.
Title: Bosques / por Nadia Higgins.
Other titles: Forests. Spanish
Description: Minneapolis, MN: Jump!, Inc., [2017]
Series: Ecosistemas | Audience: Ages 5–8.
Audience: K to grade 3. | Includes index.
Description based on print version record and CIP data provided by publisher; resource not viewed.
Identifiers: LCCN 2017009685 (print)
LCCN 2017011258 (ebook)
ISBN 9781624966231 (ebook)
ISBN 9781620318010 (hardcover: alk. paper)
Subjects: LCSH: Temperate forest ecology—Juvenile literature.
Temperate forests—Juvenile literature.
Classification: LCC QH541.5.T45 (ebook)
LCC QH541.5.T45 H5418 2017 (print) | DDC 577.3--dc23
LC record available at https://lccn.loc.gov/2017009685

Editor: Jenny Fretland VanVoorst
Book Designer: Molly Ballanger
Photo Researcher: Molly Ballanger
Translator: RAM Translations

Photo Credits: Alamy: FLPA, 13; blickwinkel/S Gerth, 14–15. Getty: George Grall, 16–17. Shutterstock: photka, cover; DutchScenery, 1; Eric Isselee, 3; Checubus, 4; dugdax, 5; Zadiraka Evgenii, 6; grynold, 8; Tracy Immordino, 9; Vahan Abrahamayan, 11; Pictureguy, 12; padung, 16; spiber.de, 20–21; Keattikorn, 23mr; Madlen, 23br; Beata Becla, 24. SuperStock: Design Pics, 6–7; Jason Langley/age fotostock, 10–11; Don Johnston/age fotostock, 18–19.

Printed in the United States of America at Corporate Graphics in North Mankato, Minnesota.

Tabla de contenido

¡Hay tantos árboles!

El bosque está lleno de árboles.

Aquí está sombreado.

¡Mira arriba!

Las ramas forman un techo.

Hay muchos tipos de bosques.

Algunos son de coníferas.

Los árboles no pierden sus agujas durante todo el año.

Otros bosques tienen árboles que sí pierden sus hojas.

Primero las hojas cambian de color.

Después se caen.

¿Ves aquellas ramas sin hojas?

En la primavera nuevas hojas crecerán.

Los árboles son el hogar
de los animales del bosque.

Las aves construyen nidos.

También las ardillas.

madriguera

¡Mira!

El oso construye su madriguera en las raíces de un árbol.

Sus largas garras le ayudan a cavar.

Los árboles son comida.

La oruga se come las hojas.

El ave se come a la oruga.

Las hojas se caen
al piso del bosque.

Se deshacen.

Hace que la tierra sea rica.
Crecerán nuevos bosques.

¿Dónde están los bosques?

Una gran parte del este de los Estados Unidos está cubierta de bosques. Nueva Inglaterra es famosa por sus colores durante el otoño.

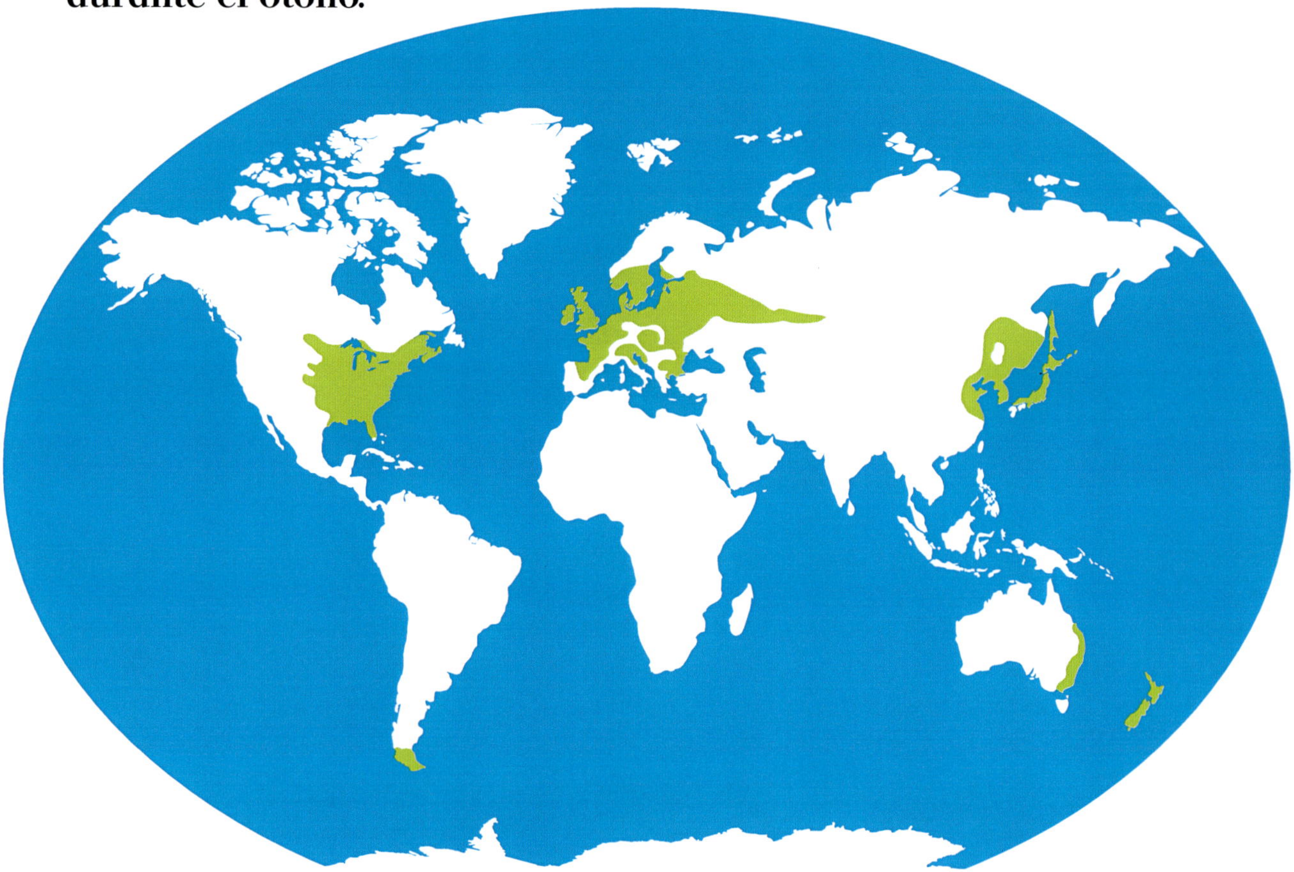

bosque

Glosario con fotografías

aguja
Un tipo de hoja la cual es larga, delgada y puntiaguda.

raíces
La parte de una planta que vive bajo la tierra y absorbe agua y minerales, almacena comida, y mantiene a la planta en su lugar.

conífera
Un tipo de árbol que tiene agujas en vez de hojas las cuales se mantienen verde durante todo el año.

sin hojas
Desnudas; descubiertas.

oruga
Una etapa del desarrollo temprano de una mariposa o una polilla.

tierra
Otra palabra usada para el suelo.

Índice

Para aprender más

Aprender más es tan fácil como 1, 2, 3.

1) Visite www.factsurfer.com

2) Escriba "bosques" en la caja de búsqueda.

3) Haga clic en el botón "Surf" para obtener una lista de sitios web.

Con factsurfer.com, más información está a solo un clic de distancia.